한국디카시학 디카시선 028

길을 묻다

김항신 디카시집

도서출판 실천

길을 묻다

한국디카시학 디카시선 028

초판 1쇄 인쇄 | 2025년 2월 17일
초판 1쇄 발행 | 2025년 2월 20일

지　은　이 | 김항신
펴　낸　이 | 이어산
엮　은　이 | 이어산
기획 · 제작 | 한국디카시학회
발　행　처 | 도서출판 실천
등 록 번 호 | 서울 종로 바00196호　　등 록 일 자 | 2018년 7월 13일
　　　　　　| 진주제2021-000009호　　　　　　　　| 2021년 3월 19일
서울사무실 | 서울특별시 종로구 율곡로 6길 36
　　　　　　02)766-4580, 010-6687-4580

본사사무실 | 경남 진주시 동부로 169번길 12. 윙스타워지식산업센터 A동 705호
　　　　　　055)763-2245, 010-3945-2245　팩스 055)762-0124
편집 · 인쇄 | 도서출판 실천
편　집　장 | 김성진

ISBN 979-11-92374-69-7

값 12,000원

* 이 책은 전부 또는 일부 내용을 재사용하려면 저작권자와 '도서출판 실천'의 동의를 받아야 합니다.
* 이 책의 국립중앙도서관 출판예정도서목록(CIP)은 서지정보유통지원시스템(http://seoji.nl.go.kr)과 국가자료종합목록시스템(http://www.nl.go.kr/kolisnet)에서 이용하실 수 있습니다.
* 잘못된 책은 교환해드립니다

길을 묻다

김항신 디카시집

■시인의 말

아주 오래전 일이다.
꽃처럼 귀여운 아이들과 카메라 들고 봄나들이 가는 날, 순간 순간 담아내던 때 있었다.

묵언의 수행을 기다리며
디카시 개념이라는 뜻도 모를 때
그러나 자아는 내제 되 있던 것들을 시인이
되어 시를 쓰며 그들과 교감한다.

순간 순간 속삭임을
그들과 나의 속삭임을

조금은 부족하나 미려한 것들

이제 그 여정, 밖에서 빛이 되길 소망해 보며
70여편의 디카시 세상 밖으로 띄워 보낸다.

2025년 2월 제주섬 시인
김향신

■ 차례

1부
물방울의 힘

찬란한 노을, 그리고 별 · 12
섬 · 14
다시 돌아본 길 · 16
열기와 냉기 · 18
학교 가는 길 · 20
동행 · 22
사랑공방 · 24
반란 · 26
현실 · 28
욕심 · 30
물방울의 힘 · 32
사진작가 · 34
풍뎅이 · 36
환희의 불빛 · 38
보상의 시간 · 40
자화상 · 42
아픈 손 · 44
악마의 발톱 · 46

2부
천상지화

닭모루 만난 날 · 50
날갯짓 백로 · 52
시, 왓 · 54
하오의 연정 · 56
순정한 날 · 58
당신을 위해서라면 · 60
선녀탕 · 62
시 짓기 · 64
언니 별 · 66
길을 묻다 · 68
망원경 · 70
할머님 동네 · 72
정성 · 74
천상지화 · 76
순산 · 78
이심전심 · 80
서녘 · 82
토요일의 오후 · 84

3부
추억을 먹다

현충원 · 88
역사의 뒤안길에서 · 90
순자 아버지 · 92
길은 · 94
어머니의 삶 · 96
굴레 · 98
추억을 먹다 · 100
모녀기타 · 102
마지막 힘 모아 · 104
비 오는 날의 수채화2 · 106
눈보라 · 108
해와 달 · 110
빌레 못 · 112
제주어학교 수업 마치고 · 114
아리랑 아라리오 · 116
오~ 솔레미오 · 118
청춘의 덫 · 120
비 오는 날의 수채화 · 122

4부
마중물 달빛

강아지 식구 · 126
슬픈 전설을 갖고 태어난 · 128
최선을 바라보며 · 130
소엥이 꽃 · 132
금작화 · 134
연서 · 136
양푼이 동태탕 · 138
수작 · 140
삶의 현장 · 142
샛도리물 포구 · 144
만삭 · 146
성묘 · 148
마중물 달빛 · 150
수작 · 152
소통의 장소 · 154
버섯 · 156
삼양해수욕장 · 158
치즈케잌과 카모마일의 만남 · 160

1부
물방울의 힘

찬란한 노을, 그리고 별

별들이 바다에 반짝반짝

우리도 덩달아 반짝반짝

안식의 터널 돌아

섬

뱃길 따라 가고 싶은

섬

하나

상추자 하도리

다시 돌아본 길

삼양국민학교 동창들의 회동

벼 익어가는 가을 들녘

무더위 보내는 어머니 품 같은

다시 올 계절의 본능에 경의를 표한다

열기와 냉기

금강산 구경도 식후경이라며

모녀는 만찬의 점심을 먹고

사람 살이 도담도담 다스리는 인내심에

나를 걸고 마음을 건다

궁상맞은 고락 앞에

* 꿈 해몽을 찾아

학교 가는 길

음각과 미각을 먹고 사는 아이들,

뿜 뿜 멋 부릴 줄 아는 자연의

품에서

바람과 해가 맞아 주는

오늘의 시간

* 서귀포 동홍초교

동행

어디를 가든 함께하는 날

부자가 아름답고

시가 아름답고

인생길 아름다운

꼬맹아 너도 시인이 될 거야

* 시옷서점 부자지간

사랑공방

아랫마을 정든 미용실

니꺼내꺼 안 하고

함께 하는 양푼이

공동체

반란

서로가 서로를 먹으려고

광란의 질주 도시의 거리

하늘이 내리는 공지 사항

현실

천년 세월 앞에 돌이 되어

들어갈 수 없는 집

먹을 수 없는 눈먼 세월일지라도

바라볼 수만 있어도 좋을까

어차피 먹을 수 없는 현실

욕심

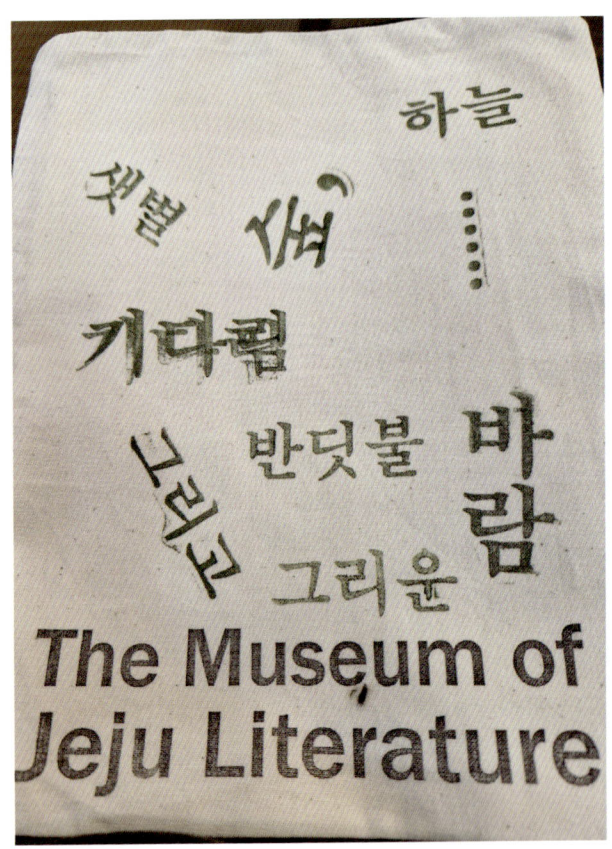

아이들 가르칠 욕심에

눈으로 말한다

하늘

、

、

、

그리고, 기다림

물방울의 힘

어머니는 정안수 올려

자식 안위에 두 손 모으고

나는 모아진 힘으로 다시 어머니를 읽는다

사진작가

작가는 작가를 읽는다

그녀는 그에게 모션을 잡고

그 모션에 셔터를 누른다

풍뎅이

날갯짓으로 날아와

목을 축이며

빨간 입술에 촉을 세운다

페로몬 향기에 빠진 페레소나처럼

환희의 불빛

비록 박제된 카멜레온 일지라도

저 환희의 빛은 나를 다독여

보상의 시간

닭모루에서 길 따라 걷다 보니

눈에 띄는 휴식공간

간단한 요기와 감성을 달래며

흔적을 남긴다

언제 올지 모를 생 앞에 앉아

자화상

내가 나를 볼 수 있었네

유일한

나의 굴메*

* 그림자

아픈 손

손바닥 갈래 갈래 다섯 손가락

가슴 애리는 엄지 손가락

곰삭다보면 괜찮아 질까

수정처럼

악마의 발톱

어느 날 불현듯 허리 통증 오더니

어느 날 다리도 아프더라

죽어라 걷고 싶어도

맥 없어 못 걷더라

어머니! 효자 발톱이래요

2부
천상지화

닭모루 만난 날

너도 우두커니 외로움에 젖을 때가 있겠다

출렁이는 소리에

달빛 아래 오도카니

나도 오도카니

너에게로 와 닿랠 수 있어

좋았던 너를 만난 날

날갯짓 백로

구름 타고 바람 타고

가을가을 날갯짓

엄마와 호흡하던 곤을동

갯것

시, 왓

지구 종말이 온다 해도

우리는 해 낼 수 있어요

그래

봄날이 지척이란다

세상이 밝아오는 시, 왓

* 왓=밭.(제주어)

하오의 연정

출근하는 배 새벽을

향해 달린다

일터는 가족과 나를 잇는 곳

만선의 꿈, 일상에 젖어

*사진 비양도 앞 바다

순정한 날-2

날갯짓하다

쉬는 너의 모습을 본 순간

나에게 말하고 싶었어

순정한 날이라고

당신을 위해서라면-1

판포면 어떻고

옹포면 어떠니

코로나 뚫고 가는

십리 길, 마다할까

선녀탕

그날의 언약식

하늘길 열리다

날갯짓 두 자녀 끼고 돌아온

시 짓기

별처럼 이어지는

반딧불의 향연

독서 삼매경에 빠져보는

오늘

부지런히 가보자

언니 별

별이 반짝이는 별도 길

산지와 별도를 잇는

애기 업은 어머니와 별이 된 언니

마중길 나와

나를 본다

길을 묻다

탐라의 길

조선의 길

지상과 천상의 한계에

관음의 길 느끼며

오늘을 걷는다

망원경

깜빡거리던 눈

까마득히 잊혀가는 세월 속 쌍두마차

해무속 달리는 연락선은 뱃고동을 날리고

레이더망에 걸린 어떤 부제, 기다려 보지만

까무룩 잊고 간 주인아

할마님 동네

얘야! 닌 무사 안들어 완 베렷닥 베렷닥만 허멍

야게기만 이레저레 갸웃거렴시 게메양 한번 가보카 허당도

뭇뚱더레 보레믄 오지말랜 허는것 닮고 그냥 가보카 허민 가심이 톨랑거령

노시 못 가쿠다게 에에 난 몰르키여~

니 알앙 허라게

<제주어 >
뭇뚱=>문밖, 야게기=> 모가지, 노시=> 절대로
몰르키여=>모르겠다. 니 알앙 허라게=> 너 알아서 해라.

정성

어머니는 정성들여

수를 놓으신다

옥이야, 금이야

詩집

보낼 엄마의 길

천상지화

하늘과 나

땅과 작시 중

순산

잉태의 고통 덮어준

어머니의 모태는

하늘과 바람과 흙의 조화로

빚어낸 거룩함이다

이심 전심

초여름 낭만의 거리

가을가을 아직도 멀어

산새 소리 흠뻑 부르는 거리에서

가을가을 바라만 봐도 좋은

너와 나 그리고

서녁

해 떨어지기전에

최선을 다해 갈무리 하는 시간

수고했어 오늘도

고마웠다고 말해 주고 싶은

너에게 안부를 묻다

어느 토요일 오후2

선이 아름답고 선율이

아름다운 마음과 마음으로 정이

이어지는 토요일 오후

튕겨오는 기타의 선율은

우리들 마음에 시향을 부른다

3부
추억을 먹다

현충원

나팔소리에

나 여기까지 왔네

영령들이여, 고히 잠드소서

역사의 뒤안길에

그녀는 말한다

그때의 증언을

나보다 더 세월 오른 낭랑한

목소리 그 뒤안길에서

나는 알았다

순자 아버지

날씨는 삭삭 내리쬐는 둔덕

넓고 넓은 벵듸에 순자 아버지

외할머니집 기제 때 뵙던

외삼촌은 이 어디쯤이었을까

오늘 하루는 모자라

길은

걷는 자에게만 보이는 것

4.3 역사의 뒤안길에서

고지를 향해

어머니의 삶

척박한 생활 이겨내려

숨비소리 울리던 갯곳

자식 뒷바라지 수십 년 세월

몸부림치던 해녀의 길에

칠월의 한나절 바쁘게 지나네

* 해녀콩

굴레

넓은 바다 유영하다

쉬고 싶어 찾은 삶의 굴레

덧없이 갇혀 썰물과 밀물에

흐느적 거리는 회귀의 본능

다음 여정은 어딜까

* 곤을동 갯것 바당.(멸치 때)

추억을 먹다

여섯 명*의 복 나들이

마티니에서 사랑의 추억

복작복작

*초등학교 여섯 명의 소꿉친구

모녀기타

두근 반 서근 반 열두 줄에

몸을 실어 본다

일곱 빛깔 무지개 참 곱다

딸아! 어머니!

오늘도 괜찮아지는 거라고

마지막 힘 모아

바람에 날려 삭정이 되기 전에

있는 힘 다하여

널, 맞으리

비 오는 날의 수채화

내 딸 발레리나

더 늦기 전에 사목사목 둘이면

더 좋을까

먼 우주 돌아 안착한 아가별의 향연

눈보라

북풍한설에 무슨 한으로

겨울이면 겨울대로 눈서리 맺히고

푹푹 찌는 칠월, 몸서리에

뚝뚝 맺는 눈보라

곱디고운 어머니 같아

해 와 달

달이 해인지

달이 달인지

지구는 뜨거워

나도 뜨거워

여름밤의 콘서트

빌레못

몬(모두) 어디가부런

나막신 서너 착만 보염신고

저 고망엔 깅이(게)나 조겡이(조개)도

웃일거 닮고

먼 바당에 주낙 걸으레 가실건가

제주어학교 수업 마치고

사랑이가 올라가요

선싱님덜 복삭 속앗수다예

돌문화공원 제주어학교 개강하고

첫 교시 마치던 날

기여 기여* 다음 주에 또시 만나게이

* 제주어: 그래 그래

아리랑 아라리오

니우렁 나우렁 어우덩싹

니영나영 몬우렁 덩싹덩싹

세계를 아우렁 아라리오

아리아리아라리오 ' 곱닥헌

제주어 넘어간다

오~ 쏠레미오

제주어 노래가

울타리 밖으로 바람 타고

넘나드는 김ㅇㅇ 강사의 혼신력

퍼져라 멀리멀리 바람아 바람아

오~~쏠레미오

청춘의 덫

이럴 때도 있었나

도도해서 외로운

비 오는 날의 수채화

동백문학회

스며들다

* 특집문화기행

4부
마중물 달빛

강아지 식구

강아지들은 가멍 오멍

흔적을 남긴다

사노롱 허게

슬픈 전설을 갖고 태어난

제주 해녀의 슬픈 사랑 이야기

이어도로 가고 싶은 질곡의 삶 속에

원치 않던 잉태에 먹어야 했던 생명의 담보물

작두콩 같은 허물을 쓴 사실적 이야기는

우리 어머니들의 '삶' 이었다

최선을 바라보며

난 할 수 있다

그날을 위해

소엥이 꽃

어쩐지 이국적이라 했지

타국만리 바람에 착지하여

덩달아 같은 그리움에 치유하는 하나가

되어 살아가는

스코틀랜드 국화였어

금작화

그대를 향한 마음 영원하여

나 그대에게 불 밝히리

나를 받아 주세요

연서

평생 잊을 수 없었던

유년 시절의 그리움

영전에 올립니다

아버지 잘 계시지요

양푼이 동태탕

순이 성 사준 동탯국, 낭푼이 밥 한 사발

이성님 저성님 허여도 혼디 낭푼 비비는이만

헌이 엇인

맵싸한 동태탕에 곳불도 달아나게 만드는

푼두그랑헌 오널

수작

커피향 오롯하게 감싸주던

주름치마 소재가

행위의 작품을 그린다

이슬과 바람 머물던 마음 알까

야위어 가는 꽃들의 수작

삶의 현장

아침이면 나팔소리 바쁘고

달리는 소리 바쁘고

다닥다닥 현실이 바쁜

밥들의 고락

샛도리물 포구

나도 할 수 있어

이렇게 하는 거야

야—호!!!

만 삭

지구를 순찰하던 이정표

내일이면 다시 올 회귀의

붉은 울음

성묘

아들 없는 우리 부모

그래도 오매불망 시 성제 봉가두난 이추룩
벌초 도 허곡

아버지 어머니

나 오몽 허는 동안은 맹심허영 오쿠다

가는길 오는길 잊지말게 도웨주십서

마중물 달빛

낮의 열기를 식히며

달님도 백중 맞이에 바빠

내 눈도 달맞이하려 셧터

누르는 밤이거늘

더위는 온도 차 내리는 몸에 뉘어

뒤척이네

수작

가을이 오나 봐요

이제부터 한 땀 한 땀 수작질할까 봐요

아! 쓰르라미도 불러요

선선한 바람 타고

나에게로 와서 쉬세요

소통의 장소

때론 떨어져 할 일 하다가

다시 만나 이정표가 되고

건널목 되어 종종걸음으로

붕붕붕 너나들이 되어주는

우리는 한 가족

버섯

쏭알쏭알 옥구슬 굴린다

독하게 해바라기 하는 모습

만질 수 없어

빨래 널다 바라본

수작에 막을 내려 본다

삼양해수욕장

여름은 여름이다

구름이 파도를 타고

사람이 물구름 타고

모래가 바다를 타고

낭만이 낭만을 부른다

치즈케익과 카모마일의 만남

달달한 치즈 빵과 세콤한 향이

싱그러운 레몬향 홍차에 젖을 때

최고의 하인과 최악의 주인*, 을

굳이 설정 하라면

지금, 내가, 딱, 이다

* 김가영의 수필집 < 신화와 수필이 만날 때